"이는 무척 단순한 제안이지만 우리 자녀와의 관계를 더욱 개선시킬 수 있다고 나는 믿는다. 우리 자녀의 장래를 생각하면, 오히려 이런 것이 많은 시간과 독창적인 생각이 필요한 거창한 일들보다 더 많은 영향을 미칠 것이다. 이는 하나님이 너무도 단순하게 만드신 것들이라 어느 부모나 실천할 수 있는 제안들이다.

이 제안은 내가 가정을 시작했을 때 충분히 실현하지 못해서 아쉬운 것들이다. 이는 여전히 내가 지향하는 목표들이다. 여기서 나누는 내용이 가정을 막 시작하는 부모에게 약간의 자극이 되고, 어느 정도 자리 잡은 가족에게는 신선한 격려가 될 수 있다면 나는 더 이상 바랄 것이 없겠다"

_"머리말"에서

내가 다시 아빠가 된다면

If I Were Starting My Family again

내가 다시 아빠가 된다면

존 드레서 지음 | 홍병룡 옮김

아바서원

"당신은 자녀양육의 경험과 부모 상담을 통해 무엇을 배웠습니까? 내가 다르게 행동했어야 했을 점은 무엇입니까? 나에겐 어린 자녀들이 있습니다. 당신의 자녀들이 어린 시절로 돌아간다면, 당신은 무엇을 하고 싶습니까?"

이 말은 내 맞은편에 앉은 한 아버지의 입에서 쏟아진 질문이었다. 도움을 구하는 눈빛이 역력했다. 아들이 탈선하는 바람에 죽고 싶도록 괴로운 심정에 시달리는 아버지였다. 그는 실패한 부모처럼 느꼈다.

이 아버지의 말은 나의 뇌리에서 떠나지 않고 있다. 그날 나에게 던진 투박한 질문이었지만 이는 어느 외로운 부모의 하소연에 그치지 않는다. 자녀양육을 진지하게 생각하는 모든 어머니와 아버지의 마음속 첫 자리를 차지하는 질문들이다.

나의 경험은 내게 무엇을 가르쳤는가? 상담의 경험은 내게 무엇을 선사했는가? 어떤 통찰력과 심정을 배웠는가? 만일 내 자녀들이 다시 어린 시절로 돌아간다면 나는 무엇을 강조하고 싶은가?

그날 맞은편에 앉은 아버지에 대한 응답으로 나의 성찰을 글로 적어보았다. 이후 어떤 생각이나 문장이 떠오르면 그 내용에 덧붙이곤 했다. 인생의 중요한 경험이 그렇듯이 이런 생각들도 새로운 것이거나 대단한 것이 아니다. 기억하기 어려운 것도 아니다.

이 내용의 대다수가 내 경험에서 나오므로 나는 아버지로서 글을 쓰는 셈이다. 하지만 어머니들도 충분히 공감하고 적용할 수 있기를 바랄 뿐이다! 이 성찰의 결과가 모든 부모에게 유익하기를 바라는 마음이다.

이는 무척 단순한 제안이지만 우리 자녀와의 관계를 더욱 개선시킬 수 있다고 나는 믿는다. 우리 자녀의 장래를 생각하면, 오히려 이런 것이 많은 시간과 독창적인 생각이 필요한 거창한 일들보다 더 많은 영향을 미칠 것이다. 이는 하나님이 너무도 단순하게 만드신 것들이라 어느 부모나 실천할 수 있는 제안들이다.

이 제안은 내가 가정을 시작했을 때 충분히 실현하지 못해서 아쉬운 것들이다. 이는 여전히 내가 지향하는 목표들이다. 여기서 나누는 내용이 가정을 막 시작하는 부모에게 약간의 자극이 되고, 어느 정도 자리 잡은 가족에게는 신선한 격려가 될 수 있다면 나는 더 이상 바랄 것이 없겠다.

나는 아내를 더 사랑하고 싶다

01

"이제야 더 분명히 보이는 것이 있다. 자녀들이 엄마와 아빠 간의 친밀한 사랑의 관계를 목격하면, 그들의 사랑도 더 커지고 그들도 삶의 기쁨을 산출하는 능력을 갖게 된다는 것이다."

내가 가정을 다시 시작한다면 내 자녀들의 엄마를 더욱 사랑하고 싶다. 내가 자녀들에게 그들의 엄마를 사랑한다는 사실을 더욱 스스럼없이 알리고 싶다는 뜻이다. 가정생활에서는 그저 사랑하려니 생각하며 서로를 당연시한 나머지 모두가 둔감해져서 깊은 사랑이 가라앉기 쉽다.

많은 부모가 모인 자리에서 내가 가족관계에 관한 강연을 한 후 한 아버지가 이렇게 물었다. "내가 자녀들을 위해 할 수 있는 가장 큰 일이 그들의 엄마를 사랑하는 것이란 말을 들은 것 같은데, 맞습니까?"

"맞습니다" 하고 내가 대답했다. "그리고 엄마가 자녀에게 해줄 수 있는 가장 큰 일도 자기 남편을 사랑하는 것입니다."

자기 부모가 서로 사랑한다는 것을 알면, 자녀는 삶이 안전하고 든든하며 신성하다고 느끼게 된다. 이런 느낌은 다른 방법으론 도무지 얻을 수 없는 것이다. 그 자녀는 또한 그런 관계를 통해 기쁨을 경험하게 되리라. 부모가 서로 사랑한다는 것을 아는 자녀는 하나님 사랑의 특성이나 섹스의 아름다움에 대해 설명을 들을 필요가 거의 없다. 그리고 엄마와 아빠가 사랑의 미소를 지으면 자녀도 부모와 주변 세상에 미소로 반응하리라. 자녀가 아빠와 엄마 사이에서 느끼는 사랑은 그 자녀에게 흘러서 장차 그가 맺는 모든 관계에서 진정한 사랑을 인식하도록 도와준다.

자녀들에게 내가 그들의 엄마를 사랑한다는 사실을 알려주기 위해 나는 작은 일에 더 성실해지고 싶다. 참 사랑은 눈에 보이는 법이다. 나는 집안일을 더 많이 하고, 특별한 날에 작은 선물을 주고, 집을 떠나 있을 때 사랑의 편지를 쓰는 등 각별한 친절을 베풀고 싶다. 우리가 야외에서 산책할 때는 아내의 손을 잡아주고 싶다. 아울러 아이들에게 엄마를 칭찬하는 말을 슬쩍 해주고 싶다.

내 사랑을 보여주기 위해 아내와 함께하는 특별한 시간을 더 많이 계획하고 싶다. 우리 부부가 외식을 하러 나가거나 음악회에 가거나 공원에 산책하러 간 적이 있었다. 우리가 나눈 사랑은 우리만 느낀 것이 아니었다. 집에 돌아왔을 때 아이들이 식탁을 장식했거나 환영의 표시를 달았거나 촌극을 준비했던 적이 기억난다. 아이들도 아빠와 엄마 간의 사랑을 공유하고 싶었던 것이다.

또 기억나는 경우가 있다. 자녀들이 어느 정도 성장한 뒤에 엄마와 아빠가 일상에서 벗어나 둘만의 시간을 갖도록 특별한 계획을 세웠던 경우이다. "엄마와 아빠는 오늘밤 데이트를 하세요. 우리가 집에 있을 게요."

이제야 더 분명히 보이는 것이 있다. 자녀들이 엄마와 아빠 간의 친밀한 사랑의 관계를 목격하면, 그들의 사랑도 더 커지고 그들도 삶의 기쁨을 산출하는 능력을 갖게 된다는 것이다.

아이들이 부모의 상호 사랑을 느끼고 목격할 때보다 그들에게 더 큰 기쁨과 평안의 역량을 제공하는 것이 없는 듯하다. 다른 한편, 부모가 서로 갈등하거나 사랑하지 않는 모습을 보며 자란 자녀는 위궤양에 걸리기 쉽다.

부모의 상호 사랑과 자녀의 사랑과 순종과 배려 사이에 밀접한 관계가 있음을 이제야 알겠다. 엄마와 아빠가 손을 맞잡고 걸으면 자녀도 손을 잡는다. 그리고 엄마와 아빠가 따로따로 걸으면 자녀는 누구와도 손을 잡는 것이 어색해진다.

자녀양육의 시기는 지나가기 마련이다. 자녀들은 곧 자라서 집을 떠날 것이다. 그러나 남편과 아내의 동반자관계는 영구적이다. 그래서 부부의 연애는 계속되어야 한다. 우리가 이 관계를 잘 돌보고 함께 성장한다면, 그 기간이 비교적 순조롭게 흘러가리라. 반면에 우리가 결혼관계에 실패한다면, 자녀양육의 문제는 거의 감당할 수 없을 만큼 커지게 된다.

이 모든 소리가 너무 낭만적으로 들리는가? 그렇다면 우리는 그런 낭만이 더 많이 필요하다고 확신한다. 많은 커플의 문제는 결혼 전에는 로맨스에 푹 빠져 있다가 결혼식이 끝나면 낭만이 거의 사라진다는 점이다. 부모나 자녀의 장래 행복을 생각하면 아버지와 어머니가 늘 주고받는 가시적인 깊은 사랑보다 더 중요한 것은 없다.

나는 자녀들과 더 많이 웃고 싶다

02

"내가 자녀들과 함께 웃을 때 우리의 사랑이 더욱 커졌고 우리가 더 많은 일을 함께 할 수 있었다는 것을 나는 안다."

내가 가정을 다시 시작한다면 더 많이 웃고 싶다. 그렇다. 내 자녀들과 함께 더 많이 웃고 싶다. 오스카 와일드는 "자녀들을 선하게 만드는 최선의 방법은 그들을 행복하게 하는 것이다" 라고 썼다. 찰스 벅스턴은 이렇게 말했다. "자녀들에 대한 첫째 의무는 그들을 행복하게 만드는 것이다. 당신이 그렇게 하지 못했다면 그들에게 잘못한 것이다. 자녀들에게 무엇을 줘도 그 실패를 보상할 수 없다."

이제야 내가 그동안 너무 심각했다는 사실을 알게 된다. 아이들은 웃는 것을 좋아했는데도 나는 부모노릇이 매우 힘들고 고통스럽다는 표정을 짓곤 했다. 많은 가정이 재미와 웃음과 놀이를 즐기지 못한 채 살아가고 있다.

자녀들과 웃기는 놀이를 하다가, 아이들의 우스운 이야기를 듣다가, 그들의 책략과 유도 질문에 넘어가서 폭소를 터뜨렸던 때가 기억난다. 내가 잔디밭이나 거실에서 아이들과 유별

난 게임을 하며 웃었을 때 그들도 기뻐서 어쩔 줄 몰랐던 때가 생생하게 떠오른다. 아울러 아이들이 과거 우리 가족의 재미 있는 경험을 웃으면서 기쁘게 얘기하던 모습도 눈에 아른거린 다. 우리가 아직도 우리를 묶어주는 경험을 기억한다는 것은 행복한 일이다. 내가 자녀들과 함께 웃을 때 우리의 사랑이 더 욱 커졌고 우리가 더 많은 일을 함께할 수 있었다는 것을 나는 안다.

우리가 자동차로 여행하면서 함께 웃을 때도 있었다. 가족 이 긴장을 풀고 웃을 때는 부모가 책망할 마음을 품지 않는다. 언젠가 온 가족이 네브래스카를 통과하다가 기온이 38도에 육 박한 적이 있었다. 그래서 작고 아름다운 폭포 근처에서 점심 을 먹게 되었다. 식사 후 아이들이 물에 들어가서 폭포를 향해 천천히 걸어갔다. 가까이 갔을 때 한 아이가 미끄러져서 물에 빠지고 말았다. 우리는 폭소를 터뜨렸다. 옷이 다 젖어 물에 빠진 생쥐 모습이었다. 또 다른 아이도 폭포에 접근하다가 옷이 흠뻑 젖고 말았다. 다시금 우리는 큰 소리로 웃었다. 마침내 아이들이 폭포 아래 앉아서 시원한 물을 온 몸에 받는 것을 즐겼다. 나중에 모두 옷을 갈아입었다. 수십 년의 세월이 흐른 오늘, 그 사건은 우리의 행복한 추억으로 남아있다.

옛 현인이 이런 지혜로운 말을 남겼다. "자녀들을 행복하게 하면 그들을 망친다는 우려는 접어두라. 행복은 모든 좋은 애정을 자라게 하는 분위기다. 심장의 피가 건강하게 또 순조롭게 순환하는데 필요한 따뜻한 기운이다. 불행은 여기에 염증을, 저기에 혹을, 그리고 최악의 경우에는 '정신의 질병', 곧 성급함을 낳는 차가운 압력이다."

그래서 내가 가정을 다시 시작한다면 나 자신과 내 실수, 그리고 내 실패를 보고 더 많이 웃고 싶다. 사실은 삶의 많은 긴장, 특히 가정에서의 긴장은 우리가 우리 자신을 너무 심각하게 생각하기 때문에 생기는 것이다. 그러면 우리는 쉽게 상처를 받을 수 있다.

나는 이제야 우리가 일부러 일과 놀이와 웃음을 뒤섞을 필요가 있다고 믿는다. 우리가 다함께 웃는 법을 배우면 다함께 사랑하고 일하는 법도 배우게 된다. 우리 자녀들이 즐거운 분위기에서 인생의 중요한 것을 경험하면 우리 사회가 제공하는 얄팍한 쾌락과 즐거움에 쉽게 넘어가지 않을 것이다.

페넬롱(1651-1715, 프랑스 신학자)은 오래 전 이렇게 썼다. "자녀들에게 완벽할 것을 요구해서 그들을 지치게 만들지 말라. 만일 억압적인 침울한 분위기에서 자녀에게 미덕을 강요하는 한편, 자유분방함은 기분 좋은 모습으로 자녀에게 다가온다면, 모든 것을 잃고 당신의 수고가 수포로 돌아가게 된다."

더글라스 제럴드(19세기 영국의 극작가 겸 언론인)는 "자녀에게 즐거움을 가르치는 손은 복이 있나니 그것이 언제, 어디에서 꽃을 피울지 모르기 때문이다"라고 말한다.

나는 더 잘 경청하는 사람이 되고 싶다

03

"우리 자녀들이 다시 어린 시절로 돌아간다면, 그들이 나와 얘기하고 싶을 때 나는 신문 읽기를 중단할 것이다. 그리고 아이들이 나를 방해해도 짜증을 내지 않으려고 애쓸 것이다. 그런 때야말로 사랑과 인자함, 그리고 그들에 대한 신뢰를 보여주는 최고의 기회가 될 수 있다."

대다수 부모는 경청하는 것을 어려워한다. 우리는 반드시 해야 할 일로 무척 바쁘다. 온 종일 일하고 집에 돌아오면 피로감이 몰려온다. 그래서 모든 책임을 잊고 싶고, 흥밋거리에 몰두하는 바람에 경청할 시간이 별로 없다. 아이의 얘기는 하찮은 소리로 들린다. 하지만 우리는 말하기보다 듣기를 통해 훨씬 많은 것을 배울 수 있다. 특히 우리 자녀들로부터.

그래서 만일 내가 가정을 다시 시작한다면 더 잘 경청하는 사람이 되기 위해 온갖 노력을 기울이겠다. 자녀가 상처와 불평, 기쁨과 흥분거리를 얘기할 때 모두 귀담아 듣고 싶다. 오래전의 일이 지금도 생생하게 기억난다. 무척 바쁘게 지내던 우리 아버지가 나의 일 학년짜리 염려를 잘 들어주었던 경우다. 아빠가 차분하게 내 말을 경청한 결과 내 두려움이 사라져버렸다. 내가 무엇을 두려워했는지 지금은 기억도 나지 않는다. 단지 기억나는 바는 내 염려를 표현한 것과 "두려움을 털어놓

으면 두려움이 힘을 잃고 만다"는 말이 진실임을 깨달은 것이
다. 이튿날 나는 새로운 용기와 자신감을 품고 학교로 돌아갈
준비가 되어 있었다. 만일 아빠가 내 두려움을 어리석은 것으
로 치부했거나 내 말을 듣기를 거부했다면, 나의 두려움은 오
히려 더 커졌을 것이다.

우리 자녀들이 다시 어린 시절로 돌아간다면, 그들이 나와
얘기하고 싶을 때 나는 신문 읽기를 중단할 것이다. 그리고 아
이들이 나를 방해해도 짜증을 내지 않으려고 애쓸 것이다. 그
런 때야말로 사랑과 인자함, 그리고 그들에 대한 신뢰를 보여
주는 최고의 기회가 될 수 있다.

어느 날 저녁 어린 소년이 아빠에게 손가락에 난 상처를 보
여주려고 애썼다. 그 소년이 아빠의 주목을 받으려고 여러 번
시도한 끝에 마침내 아빠가 신문에서 눈을 떼더니 짜증을 내

면서 "야, 내가 할 수 있는 게 아무것도 없잖니?"하고 소리쳤다.

"그래요, 아빠"하고 그 아들이 말했다. "아빠가 그냥 '저런(Oh)'하고 말하길 바랐어요."

내가 경청할 때는 자녀의 질문에 더 많은 주의를 기울이고 싶다. 아이가 15세가 되면 평균적으로 50만개의 질문을 던진다고 한다. 이것은 부모에게 얼마나 큰 특권인지 모른다. 삶의 의미에 관해 얘기할 수 있는 50만 번의 기회가 있으니 말이다.

자녀의 어린 시절은 부모의 가르침을 받는 시기다. 자녀가 열다섯 살에 이르면 부모가 대체로 가르침을 끝낸 시점이다. 15세가 된 자녀는 부모가 믿는 바를 알고 있다. 이후 부모의 책임은 자녀가 충고나 도움을 받으러 오면 언제든지 응답할 준비를 갖추는 것이다.

만일 내가 처음부터 다시 시작할 기회가 있다면 나의 "세 번

째 귀"로 더 잘 경청하고 싶다. 한 자녀가 어떤 말이나 질문을 한다면 그 아이가 느끼고 있는 것을 들으려고 노력하겠다. 만일 내 자녀가 "아빠, 오늘밤에도 나가야 돼요?"라고 묻는다면, 나는 "저는 아빠와 함께 있고 싶어요"라는 말로 들을 것이다. 아이가 내 무릎에 기어올라 그날 일어났던 일을 얘기한다면 나는 특별히 귀를 쫑긋 세울 것이다. 아이를 안고 말을 들어주던 시절은 너무나 빨리 지나가버렸다. 루소는 "자녀 훈련은 우리가 시간을 벌기 위해 시간을 잃는 법을 알아야 할 하나의 전문직이다"라고 썼다.

나는 또한 아이가 내게 얘기할 때 허공을 바라보는 짓을 그만두겠다. 하던 일을 멈추고 그의 눈동자를 쳐다보겠다. 눈길이 말보다 많은 것을 보여준다. 과거에 내가 자녀의 말을 듣지 않아서 그 아이가 내 얼굴을 자기에게 돌리게 만들었던 때를 생각하니 무척 후회스럽다.

  언젠가 나는 어느 아빠 곁에 서 있으면서 그의 작은 아이가 아빠를 거듭 부르는 장면을 목격한 적이 있다. 아들이 줄곧 불러도 아빠가 응답하지 않는 모습을 내가 주목하고 있음을 알고는 그 아빠가 "한갓 꼬마가 부르는 소리일 뿐이에요"하고 말했다. 그 때 이런 생각이 내 머리를 스쳤다. 오래지 않아 아버지가 아들을 부를 테고 아들은 "한갓 늙은이가 부르는 소리일 뿐이에요"하고 말할 날이 오겠지.

  자녀의 어린 시절에 그의 말을 잘 들어주는 부모는 훗날 자기 말을 경청하는 자녀를 얻게 될 것이라고 이제 나는 믿는다. 자녀가 어릴 때 그의 관심사를 경청하는 일과 사춘기에 이르러 그의 관심사를 부모와 얘기하는 정도 사이에 밀접한 관계가 있다고 나는 믿는다. 자녀의 어린 시절에 그의 말과 느낌을 이해하려고 시간을 투자하는 부모는 훗날에도 자녀를 이해할 수 있을 것이라고 나는 믿는다.

나는 더 정직해지고 싶다

04

"특별히 자녀가 낙심에 빠졌을 때는 부모가 자신의 승리뿐 아니라 패배도, 성공뿐 아니라 실패도 정직하게 얘기하는 것이 필요하다. 아빠와 엄마도 똑같은 문제를 겪었으나 지금은 강인한 모습을 볼 때 자녀들도 새로운 자신감과 힘을 얻게 된다."

내가 가정을 다시 시작한다면 더 정직해지려고 노력하겠다. 이렇게 말하니 좀 어색하다. 나는 항상 정직한 것을 매우 중요시했기 때문이다. 내 것이 아니면 단 한 푼도 취하지 않고, 고의적으로 거짓말을 하지 않는다는 뜻에서 나는 스스로 정직하다고 항상 생각해왔다. 나는 일부러 허위 진술은 하지 않을 것이다.

그런데 내 경험상 부모들이 교묘하고 해로운 그런 부정직한 모습을 보일 때가 많다는 것을 알고 있다. 본인은 어린 시절에 나무랄 데 없는 훌륭한 아이였듯이 가장하거나 암시하는 것은 부정직한 태도다.

한 아버지는 자기가 어려운 교훈을 배우고 나서야 얼마나 부정직한지를 깨달았다고 털어놓았다. 초등학교 4학년 아들이 철자시험에서 낮은 점수를 받았다. 꾸지람을 듣고 열심히 공부했는데도 성적이 오르지 않았다. 어느 날 소년이 선생님에게 "우리 아빠는 학교에 다닐 때 철자시험에서 모두 A학점을 받았데요"라고 말했다.

선생님이 "네가 어떻게 알지?"하고 물었다. "아빠가 그렇게 말씀하셨니?"

"아뇨. 아빠가 나를 꾸짖는 모습으로 보고 그랬다는 걸 알게 되었어요." 소년의 대답이었다.

그 아버지는 이렇게 말했다. "나는 아들을 꾸짖는 모습을 통해 허위를 전달했다. 사실은 나 역시 철자공부에 어려움을 겪었다. 내가 아들에게 나 역시 철자공부가 어려웠다고 얘기하자 그 순간 그의 눈동자에 희망의 빛이 반짝이는 것을 보았다. 그 때부터 아들은 훨씬 잘하기 시작했다. 아들에게 내가 모두 A학점을 받은 듯한 인상을 줬을 때는 아이가 패배감과 절망감에 빠졌다. 나 자신에 대해 정직해지자 아들은 아빠처럼 자기도 할 수 있다는 희망을 품게 된 것이다."

부모가 자신의 과거나 "좋았던 시절"에 관해 말하는 모습은 자녀의 성품과 자존감과 자격에 부정적인 영향을 미칠 수 있다. 부모가 자기도 비슷한 싸움과 유혹을 겪었다고 고백하면 자녀들도 희망을 품게 된다. 아이들은 스스로에 대해 정직한 부모를 사랑하고 존경한다.

특별히 자녀가 낙심에 빠졌을 때는 부모가 자신의 승리뿐 아니라 패배도, 성공뿐 아니라 실패도 정직하게 얘기하는 것이 필요하다. 아빠와 엄마도 똑같은 문제를 겪었으나 지금은 강인한 모습을 볼 때 자녀들도 새로운 자신감과 힘을 얻게 된다.

자녀가 와서 "아빠, 어두워서 무서워요"라고 말한다면 나는 좀 더 정직해지고 싶다. "바보 같은 소리 하지 마. 두려워하지 마"라고 말하거나 자녀를 꾸짖는 것은 누구나 필요한 내적인

힘을 기르지 못하게 한다. 오히려 "나도 어렸을 때는 무서워했
단다"라고 말하면 아이에게 도움을 주고 자신감을 쌓게 한다.

그렇다고 부모가 과거의 모든 실패를 얘기해야 한다는 뜻
은 아니다. 어떤 부모들은 과거에 대해 자랑만 늘어놓고 잘못
은 아예 얘기하지 않는다. 이런 태도는 물론 해로울 뿐이다. 반
면에 자녀들에게 그들의 문제가 유별나지 않고 당신도 겪었다
고 시인하면 자녀들은 희망을 품고 인생의 난관에 대처할 힘
을 얻게 된다. 부모도 똑같은 싸움을 치렀다는 사실을 자녀들
이 알면 그들 마음속에 이미 승리할 수 있다는 새로운 용기가
생기기 때문이다.

부모가 완벽한 체 하며 실수를 시인하지 않는 한, 그 자녀는
자기가 부족해서 실패할 수밖에 없다고 생각하는 세계에 몸담
게 될 것이다.

이제야 내가 알게 된 사실이 있다. 적응을 잘하는 행복한 아

이는 모든 것이 완벽한 가정이나 실수를 거의 하지 않는 가정
에서 나오지 않는다는 것을. 오히려 부모가 많은 실수를 저질
러도 그 점을 시인할 만큼 솔직하고 열려있고 자애로운 가정
에서 나온다는 것을.

그리고 또 알게 된 사실이 있다. 말싸움이 잦은 가정에서 자
라는 자녀가 부모가 서로 적대적이면서도 그렇지 않은 체 하
는 가정에서 자라는 자녀보다 더 낫다는 것을. 자녀들은 적대
감을 금방 알아채며 그런 감정이 감춰져 있을 때는 어떻게 대
처해야 할지 모른다. 적대감이 표출된 후 공개적으로 사랑과
용서가 표명될 때에만 제대로 처신할 수 있다.

이제야 알게 된 점이 또 하나 있다. 우리는 마치 뒷정리를 안
했거나 컨닝을 했거나, 부모를 속 썩인 적이 없는 듯이 암시하
면서 자녀에게 완벽할 것을 요구하면, 자녀는 스스로 보잘것
없고 불안정한 존재라고 느끼게 된다는 것을.

그렇다, 만일 내가 가정을 다시 시작한다면 좀 더 정직해지려고 노력하고 싶다.

나는 기도의 방향을 바꾸고 싶다

"그렇다, 내가 하나님께 다른 이들을 변화시켜달라고
기도하길 멈추고 나를 변화시켜달라고 간구했을 때
삶은 새로운 의미와 기쁨을 지니게 되었다."

지난 세월 나는 아내와 자녀들을 위해 많이 기도해왔다. 그런데 내가 아내와 자녀들을 위해 기도하기보다는 나 자신의 관계와 태도를 제대로 정립하도록 기도할 필요가 있음을 깨달은 계기가 있었다. 이로 인해 내 가족을 새로운 시각으로 보고 또 사랑할 수 있게 되었다.

과거에는 이런 식으로 기도하곤 했다. "주님, 내 아들이 좋은 아이가 되도록 도와주세요. 그의 태도를 바꿔주세요, 주님. 하나님의 사랑을 두 배나 복용하도록 도와주세요. 그리고 우리의 가족관계에서 좀 더 쾌활한 자녀가 되도록 해주세요. 또한 순종적인 아이가 되게 도와주세요."

딸을 위해서는 그리스도의 사랑을 알게 해달라고, 성숙하면서 맺는 모든 관계에서 참된 사랑이 무엇인지를 분별하게 해달라고 기도했다.

그리고 아내를 위해서는 하나님이 모든 집안일을 다 잘할 수 있는 힘을 주시도록 기도했다. 아울러 자녀들에게 많은 인내심을 발휘하고 우리 가정을 평안하게 할 아내의 몫을 다 감당하게 해달라고 간구했다. 또한 바쁜 엄마인 만큼 도움의 손길도 더 보내달라고 기도했다.

어느 날 저녁 나 홀로 있을 때 문득 이런 기도를 멈춰야겠다는 생각이 떠올랐다. 내 기도가 아무 도움도 되지 않는 듯했다. 자녀들은 사랑에 대해 어린 시절보다 덜 알고 있었다. 우리가 예전보다 덜 돌보고 덜 친절하다고 느꼈다. 그래서 그들을 위한 기도를 그만둬야겠다고 깨달은 것이다. 내가 엉뚱한 대상을 놓고 기도하고 있었던 셈이다.

그리하여 나는 가족을 위해 그렇게 기도하는 것을 중단했다. 내 자녀들이 그리스도의 사랑을 알려면, 내가 아버지로서 그리스도의 사랑을 더 많이 경험하고 그 사랑을 돋보이게 할 필요가 있음을 깨닫기 시작했다. 그들이 다른 사람과의 관계에서 참 사랑을 배우려면, 내가 하나님의 도움을 받아 모든 관계에서 참 사랑을 보여줄 필요가 있었다. 가족과의 관계는 물론이고 타인들과의 관계에서도. 그래서 내 기도가 이렇게 바뀌었다. "주님, 나를 함께 살기에 적합한 사람으로 만들어주시고, 주님이 저를 대하듯 사랑과 친절을 베푸는 사람이 되게 하소서."

내 본분이 아내를 선하게 만드는 게 아니라 행복하게 만드는 것임을 깨달았을 때 아내를 걱정하는 기도를 그만둔 것이다. 사실 나는 하나님께 아내가 자기 몫을 다 감당하도록 도와달라고 기도하지 말았어야 했다. 오히려 내가 아내를 도와 그녀의 일을 덜어줄 수 있는 영역을 보게 해달라고 기도했어야 했다. 그래서 지금은 "주님, 나를 열정적이고 행복한 남편다운 남편으로 만들어주소서"라고 기도하게 되었다. 하나님의 은혜의 손길이 필요한 존재는 바로 나였다는 것을 알았다.

그날 밤부터 나의 세계가 변했다. 우리 가정도 변했다. 아내와 자녀들도 별안간 변한 듯이 보였다. 새로운 사랑의 분위기가 집안에 가득했고 우리가 운전하는 자동차까지 스며들었다. 아이들은 예전보다 더 친절해진 듯했다. 이 모든 변화의 시발점은 내가 가족을 위한 기도를 멈추고 하나님께 나의 태도를 바꿔달라고 기도하기 시작했을 때, 내가 사랑하는 이들에게 상처를 주거나 관계를 해치는 언행을 일체 삼가도록 도와달라고 하나님께 간구했을 때, 자녀들과 아내를 행복하게 만들려고 내가 최선을 다하고 싶다고 하나님께 말씀드렸을 때였다. 하나님이 다른 사람들을 변화시키길 내가 원했을 때보다 나를 변화시키길 원했을 때 이런 일이 발생한 것이다.

그렇다고 모든 일이 완벽했다는 뜻은 아니다. 아내와 자녀들은 여느 때와 같이 나의 중요한 기도제목이다. 그러나 이제 나의 기도는 주로 각 식구에 대한 감사로 이뤄져 있다. 이런 기도는 각 식구를 내게 주신 하나님을 영화롭게 하는 만큼 하나님이 원하시는 기도라고 믿는다.

그렇다, 내가 하나님께 다른 이들을 변화시켜달라고 기도하길 멈추고 나를 변화시켜달라고 간구했을 때 삶은 새로운 의미와 기쁨을 지니게 되었다.

내가 가족을 있는 그대로 받아들일 때 우리가 다함께 온갖 성장과 변화를 경험하게 될 것이라고 이제 나는 믿는다. 반면에 내가 가족을 개조하길 원하거나 하나님이 그렇게 하시길 원하는 한, 우리는 완강한 저항에 부딪힐 뿐이다.

내가 하나님의 사랑과 용서의 눈으로-그리고 나 자신의 눈으로- 스스로를 용납할 때는 내가 타인의 실패를 눈감아주고 정죄하지 않으며, 사랑의 마음으로 상대방을 용납하기가 훨씬 쉽다는 것을 이제야 알겠다.

부모인 내가 하나님의 사랑을 경험할 때에만 그 사랑을 가족과 나눌 수 있음을 나는 안다. 그러므로 사람을 변화시키는 문제라면, 먼저 나 자신을 위해 기도할 필요가 있다. 다른 사람을 선하게 만드는 것은 내 본분이 아니다. 그것은 하나님의 일이다. 내 본분은 다른 사람을 행복하게 만드는 것이다.

나는 함께하는 시간을 더 많이 갖고 싶다

어느 유명한 사업가가 친구에게 "내가 아들에게 크리스마스 선물로 무엇을 줄지 알고 싶소?"하고 물었다. 그리고는 이렇게 쓴 종이 한 장을 끄집어냈다. "아들에게. 내가 평일에는 한 시간을, 일요일에는 두 시간을 줄 테니 네가 원하는 대로 써라."

내가 가정을 다시 시작한다면 함께하는 시간을 더 많이 갖고 싶다. 가족은 다함께 살고 먹고 잠자는 관계인데 함께하려고 노력해야 한다는 말이 이상하게 들릴지 모르겠다. 그러나 한 지붕 아래 사는 많은 이들이 따로 동떨어져 있는 게 현실이다. 내가 그동안 많은 가족 수련회에서 가장 많이 들었던 한 마디가 있다면, 그것은 "만일 내가 다시 처음부터 시작한다면 자녀들과 더 많은 시간을 보내고 싶다"는 말이다. 홀로 행한 일이 아니라 다함께 보낸 시간이 우리의 기억에 남는 법이다.

아버지의 일주일을 시간으로 계산하면 모두 168시간이다. 아마도 일하는데 약 40시간을 사용할 것이다. 매주 출퇴근 시간, 야근, 점심시간을 합쳐서 15시간으로 잡자. 수면에 56시간을 쓴다고 하자. 그러면 남는 시간이 57시간이다. 이 중에 과연 몇 시간을 가족과 함께 보내는데 사용할까?

7, 8학년 남학생 삼백 명이 두 주간에 걸쳐 아버지와 실제

로 보낸 시간을 상세하게 기록한 적이 있다. 대다수는 아버지를 저녁 식탁에서만 보았을 뿐이다. 상당수는 아버지를 며칠 동안 보지 못했다. 한 주간에 아버지와 아들이 함께한 평균시간은 7.5분에 불과했다.

한 남자가 청소년 시절에 겪은 흥미로운 경험을 이렇게 들려준다. "내가 열세 살, 남동생이 열 살이었을 때 아빠가 우리를 서커스에 데려가기로 약속했어요. 그런데 점심시간에 전화가 왔지요. 사업상 긴급한 문제가 발생해서 시내로 가야 할 상황이었어요. 동생과 나는 실망할 걸 대비하고 있었어요. 그 때 아빠가 '아니요, 난 가지 않겠소. 그 문제는 나중에 처리하겠소'라고 말씀하시는 것을 들었습니다.

"아빠가 식탁에 돌아오자 엄마가 미소를 지으며 '서커스는 해마다 돌아올 텐데요'하고 말씀하셨지요."

"맞아요, 나도 알고 있어요. 그러나 어린 시절은 돌아오지 않지요." 아빠의 대답이었다.

어느 유명한 사업가가 친구에게 "내가 아들에게 크리스마스 선물로 무엇을 줄지 알고 싶소?"하고 물었다. 그리고는 이렇게 쓴 종이 한 장을 끄집어냈다. "아들에게. 내가 평일에는 한 시간을, 일요일에는 두 시간을 줄 테니 네가 원하는 대로 써라."

오늘 나는 소년 시절에 아빠와 함께했던 때를 기억한다. 나홀로 했던 일은 대체로 잊어버렸다. 하지만 우리가 함께 공원에 갔던 날, 함께 소풍 도시락을 먹었던 때, 함께 박물관을 방문했던 적은 아름다운 추억으로 남아있다.

어느 날 밤 내가 막 잠들려는 순간 복도에서 발자국 소리가 났다. 세 살 된 데이비드가 천천히 걸어와서 내 침대 곁에 섰다.

"데이비드, 뭘 하고 싶니?"하고 내가 물었다.

"아무것도, 아빠"하고 그가 말했다. "아빠 곁에 들어가서 잠 깐 얘기하고 싶어요."

내가 이불을 젖히자 아들이 들어왔다. 잠시 입을 다문 채 바 싹 붙어있더니 "아빠, 사자 우리 앞에서 아빠 손을 잡고 있는 게 재미 있었어요"라고 말하는 것이었다.

"그랬구나"하고 내가 대답했다. "무서웠니?"

"아주 조금"하고 아들이 응답했다.

또 다시 잠시 침묵한 뒤에 "오늘 다함께 좋은 시간을 보냈지 요, 아빠?"하고 데이비드가 말했다.

"그랬지"하고 내가 말했다.

그게 전부였다. 데이비드는 이불을 젖히더니 재빨리 자기 방으로 가서 금방 잠들었다. 하지만 나는 한동안 깨어 있었다. 우리 아들이 가족이 함께하는 시간이 중요함을 다시 일깨워주 었던 순간이었다.

　우리 가족은 오랫동안 동물원에 갈 날을 손꼽아 기다렸다. 가족의 계획이 흔히 그렇듯이 우리도 여러 차례 일정을 조정했다. 그런데 그날이 금방 지나갔다. 모두 피곤했고 집에 돌아와서 기뻤다. 그래서 간식을 먹은 후 아무런 불평도 없이 잠자리에 든 것이다. 데이비드의 말이 그 기쁜 날을 잘 마무리한 셈이다. "오늘 다함께 좋은 시간을 보냈지요, 아빠?" 엄마도 그 말을 듣고 "나도 오늘 너희들과 함께 보내서 좋았단다"하고 속삭였다.

　이제 나는 아무것도 다함께 보내는 시간을 대신할 수 없다는 것을 안다. 안심, 사랑, 이해, 소통의 느낌은 다함께 있다는 느낌에 달려있다. 다함께 있다는 인식이 없으면 외로움, 낯선 느낌, 사랑의 결핍이 생기게 된다.

　누군가 제2차 세계대전 기간에 어린 시절을 보냈던 유럽인들을 대상으로 연구조사를 한 적이 있다. 그 연구결과에 따르

면, 끔찍한 전쟁 경험 이후 정상적인 상태로 재활시키는데 성
공한 어린이들은 가족의 아름다운 추억을 간직한 집안 출신들
뿐이었다고 한다.

그러면 함께한다는 것은 무엇인가? 서로를 위해 시간을 내
는 것이다. 식탁에 둘러앉아 얘기하는 것이다. 공원에서 걷고
뛰는 것이다. 서로에게 특별한 호의를 베푸는 것이다. 함께한
다는 것은 어떤 프로젝트에 함께 참여하는 것이다. 모두 즐길
수 있는 게임을 하는 것이다. 공동의 문제에 관해 얘기하거나
기도하는 것이다. 우리가 다함께 살고 있다는 느낌을 창조하
는 말이나 행동이다. 가족이 함께한다는 것은 하루가 끝날 때
"오늘 다함께 좋은 시간을 보냈지요?"라고 말할 수 있는 것이
다. 내가 만일 가정을 다시 시작한다면 함께하는 시간을 더 많
이 갖고 싶다.

나는 더 많이 격려하고 싶다

07

크리스천 보비는 "현명한 칭찬과 자녀의 관계는 해와
꽃의 관계와 같다"고 말한다. 해는 꽃이 색채를 띄고
아름답게 자라도록 돕는다. 그런즉 칭찬도 아이가 사
랑과 행복과 친절의 꽃을 피우는데 꼭 필요하다.

내가 가정을 다시 시작한다면 감사와 칭찬의 말을 더 자유롭게 하고 싶다. 과거에 나는 실수를 했다고 자녀들을 질책했다. 때로는 조금만 잘못해도 야단을 쳤다. 반면에 아이들은 일을 잘했거나 좋은 행실을 보였을 때 칭찬과 격려의 말을 들은 적이 별로 없었다.

어떤 강사가 "나에게 십대 자녀가 있다면"이란 주제로 강연하면서 이렇게 말했다. "나는 칭찬을 아끼지 않겠다. 만일 자녀가 호른을 분다면, 내 귀에 좋게 들리는 한 음조라도 찾으려고 노력해서 진정으로 칭찬하고 싶다. 학습 주제가 내 마음에 들면 나는 그렇게 말하고, 아이가 과제를 제출해서 좋은 성적을 받기를 바랄 것이다. 아이가 선택한 셔츠나 넥타이, 양말이나 신발 등 내 마음에 드는 것이 있으면 주저 없이 멋있다고 말해 주겠다."

　자녀들이 어떤 일을 잘했을 때 -입에 발린 말이 아닌- 진실한 칭찬보다 그들을 더 격려해서 삶을 사랑하고 성취하려 애쓰며 자신감을 얻게 해주는 것은 없을 터이다.

　월터 스콧 경(19세기 초 영국의 역사소설가, 시인, 역사가)은 소년 시절에 우둔한 학생으로 간주되었다. 그래서 종종 수치의 상징인 뾰족 모자를 쓴 채 열등생 코너에 서 있어야 했다. 열두 살 즈음 어쩌다가 유명한 문인들이 초대받은 어느 집에 있게 되었다. 스코틀랜드 시인 로버트 번즈가 때마침 어떤 시의 2행 연구(連句)가 적힌 어느 그림을 감상하고 있었다.

　번즈가 그 연구의 작가가 누군지 물었다. 그런데 아무도 모르는 듯했다. 마침내 작은 소년이 그의 곁에 오더니 작가의 이름을 밝히고 나머지 시구를 인용하는 것이었다. 번즈는 깜짝 놀라면서 기뻐했다. 그는 손을 소년의 머리위에 얹더니 "오, 애야, 너는 언젠가 스코틀랜드의 위대한 인물이 될 거야"하고 외

쳤다. 그날부터 월터 스콧은 완전히 변했다. 격려 한 마디가 그에게 위대한 길을 열어준 것이다. "우리가 어린이를 칭찬하고 사랑할 때는 현재의 모습이 아니라 우리가 바라는 모습을 사랑하고 칭찬하는 것이다." 괴테의 말이다.

우리 자녀들을 격려하기 위해 나는 그들이 행하는 좋은 일을 기억하고 좀 더 자유로이 내 기쁨과 감사와 칭찬을 표현하기로 결심하겠다. 그리고 날마다 사소한 일까지 포함해 자녀를 격려할 기회가 많다는 사실을 유념하고 싶다. 크리스천 보비(19세기 말 뉴욕 작가)는 "현명한 칭찬과 자녀의 관계는 해와 꽃의 관계와 같다"라고 말한다. 해는 꽃이 색채를 띠고 아름답게 자라도록 돕는다. 그런즉 칭찬도 아이가 사랑과 행복과 친절의 꽃을 피우는데 꼭 필요하다.

격려는 실험실에서 측량될 수 있는 참신한 에너지를 공급한다고 헨리 고더드 박사(20세기 전반기의 미국 심리학자)가 말한다. 고

더드 박사는 바인랜드 훈련학교에서 피로감을 측정하는 도구를 사용했다. 누군가 피곤한 아이에게 "너는 잘하고 있어, 존"이라고 말하면 그 소년의 에너지 곡선이 높이 치솟았다. 그러나 낙심과 흠잡기는 정반대의 효과를 초래했다.

나는 가능하면 언제든지 자녀들을 칭찬하고 싶기 때문에 그들이 부주의해서 옷을 더럽히거나 손상시킬 때에도 즉시 꾸짖기 전에 잠깐 멈출 생각이다. 롱펠로(19세기 미국 시인)는 "찢어진 잠바는 금방 수선되지만 심한 말은 자녀의 마음에 상처를 준다"라고 말했다. 나도 마음에 상처를 준 적이 있어 찢어진 잠바가 수선된 뒤에도 오래토록 마음이 아프다.

나는 이제 격려가 비난이나 질책보다 더 나은 훈육 방법인 것을 안다. 친절한 말, 감사하는 말을 들으면 우리는 격려를 받아 더욱 노력하게 된다. 루스 헤이워드는 [칭찬, 적극적인 훈육 방법](The Positive Discipline of Praise)에서 딸의 서투른 손 글씨를 어떻게 교정하려고 노력했는지를 얘기한다. 그 문제는 늘 모녀 사이에 갈등을 초래했다. 딸이 삼학년을 반쯤 다닌 시점에 새로운 선생이 부임했다. 첫날 수업 후 딸이 흥분을 감추지 못했다. "선생님이 나에게 잘 쓸 수 있다고 말했어요. 난 선생님이 두렵지 않았어요. 선생님이 우리 모두에 대해 무언가 좋은 것을 발견할 것이라고 누구나 말했어요." 그날부터 딸은 학교생활을 즐겼다. 딸이 칭찬을 받으면 상대방을 기쁘게 하려고 열심을 품게 되었다.

이제 내가 알게 된 사실이 있다. 흠을 잡은 후 격려를 하지 않으면 언제나 도움이 되기보다는 상처를 준다는 것을. 흠잡기와 비판은 자녀에게서 자립심을 앗아가고 만다. 다른 한편, 진실한 격려는 자신감을 쌓아주고 자녀를 더 성숙하도록 이끌어주는 만큼 장차 행복한 삶을 사는데 매우 중요하다.

나는 이제, 우리 모두 인정을 받고 싶어 한다는 것을 안다. 하버드 심리학자 윌리엄 제임스가 말했듯이 "인간 본성의 가장 심층적인 원리는 인정을 받고 싶은 갈망이다." 이 욕구가 우리가 사랑하는 이들에 의해 채워지면 우리의 다른 장점들도 자라게 된다.

나는 자녀의 숨은 자원을 격려해야겠다고 늘 다짐하고 싶다. 내 시각을 더욱 넓혀서 자녀의 현재 모습뿐만 아니라 장래의 모습도 보고 싶다. 그 어느 곳보다 가정에서 이 깨달음을 실천하는 게 필요하다.

내가 이제야 알게 된 것이 또 있다. 우리가 사소한 일에 감사를 표현하면 서로에 대한 새로운 사랑과 감사가 배가된다는 것을. 내가 가정을 다시 시작한다면 기필코 날마다 칭찬을 아끼지 않고 싶다.

나는 사소한 일에 더 신경을 쓰고 싶다

08

자녀들의 "작은" 상처에 주의를 기울이며 그들을 사랑하려고 노력할 것이다. 나는 좀 더 공개적으로 사랑을 말과 행위로 표현하고 싶다. 이보다는 오히려 실망과 불만을 공공연하게 표현하기가 너무나 쉽다는 것을 알았다.

오늘 나는 삶의 기쁨이나 슬픔이 작은 일에 좌우된다고 확신한다. 사소한 일이 좋은 관계를 만들거나 깨뜨리고, 연합과 사랑을 강화시키거나 망치고, 우리를 친절한 사람이나 무례한 사람으로 만든다. 만일 내가 가정을 다시 시작한다면 자그마한 것에 더 충실해지려고 노력하고 싶다. 우리는 보통 인생의 중대한 일을 처리할 때는 충분히 힘을 낼 수 있다. 반면에 작은 일에는 충실하지 못할 때가 많다. 삶은 대체로 사소한 일들로 이뤄져 있고, 그런 일에 대한 우리의 충실함이 가족의 행복을 상당히 좌우한다는 사실을 잊고 산다.

아이들은 어른이 생각하는 "큰" 일과 "작은" 일의 차이점을 거의 모른다. 지금은 연로한 한 남자가 어린 시절의 추억에 잠기며 이렇게 말했다. "내가 어렸을 때는 아버지와 어머니가 굉장히 어려운 역경을 겪었습니다. 그런데 내 머릿속에는 가정생활이 얼마나 아름다운 추억으로 남아있는지 모릅니다. 아버지가 무척 은혜로운 분이라 그 역경도 가볍게 보였지요."

"아침 일찍 아빠가 나가 장미 정원에서 제일 아름다운 장미 봉오리를 찾곤 했어요. 그 봉오리를 식탁의 엄마 자리에 둬서 엄마가 아침식사를 하러 나오면 눈에 띄게 했습니다. 잠깐의 시간과 가슴 가득한 사랑만 있으면 되었죠. 아빠가 엄마 의자 뒤에 서 있다가 엄마가 장미를 집어 들 때 아침 키스를 선사하면 그날 하루가 아름답게 장식되었지요. 아침에 일어날 때 괜히 기분이 나빠 짜증난 얼굴로 식탁에 오는 아이조차 자그맣게 표현된 사랑의 아름다움에 감동을 받아 부끄러움을 느끼곤 했어요."

조지 엘리엇(19세기 영국 소설가)은 "어린 시절에 포옹과 친절을 경험한 남자 속에는 만지면 부드러운 물질이 나오는 추억의 섬유질이 항상 있다"라고 썼다.

내가 가정을 시작했을 때 자그마한 일들이 얼마나 중요한지를 알았더라면 좋았으련만. 친절과 사랑을 베푸는 작은 행실은 결코 과소평가하면 안 되는 능력을 갖고 있다. 손을 잡아주는 것, 향기로운 미소, 진실한 칭찬, 진심어린 포옹 등은 놀라운 효과를 발휘할 수 있다. "고맙다"는 말도 크나큰 보답이다. 도움의 제안이나 신중하게 고른 작은 선물은 몇 주간 마음을 따스하게 해준다. "사랑해", "미안해"라는 말은 주는 자와 받는 자 모두 풍요롭게 하는데, 그런 말이 없으면 차가움이 조성된다.

그래서 내가 만일 가정을 다시 시작한다면 자녀들의 "작은" 상처에 주의를 기울이며 그들을 사랑하려고 노력할 것이다. 나는 좀 더 공개적으로 사랑을 말과 행위로 표현하고 싶다. 이보다는 오히려 실망과 불만을 공공연하게 표현하기가 너무나 쉽다는 것을 알았다.

사소한 일에 더욱 신경을 쓰는 중에 "너는 항상"과 "너는 결코"와 같은 말을 내 어휘에서 없애려고 애쓰겠다. 이런 말은 진실이 아닐 뿐더러 가시가 돋쳐 있어 진취성을 파괴하고 사람들을 갈라놓는다.

나는 조금 무리해서라도 다른 사람을 배려할 준비를 갖추고 싶다. 우리가 다른 사람을 도와서 큰 보람을 느끼게 되는 일은 보통 뜻밖에 생긴다는 것을 나는 이제 알기 때문이다. 우리가 어린 시절에 받은 상처나 도움은 보통 성급하게 내뱉은 거친 말이나 사랑의 손길 때문이었음을 이제야 알 수 있다.

내가 이제 알게 된 것이 또 있다. 큰 바다가 수많은 물방울로 이뤄져 있듯이 행복한 가정도 많은 행복한 경험으로 이뤄져 있다는 것. 산이 수많은 모래알로 이뤄져 있듯이 가족관계도 다함께 보내는 일상의 자그마한 선(善)의 알맹이들로 이뤄져 있다는 것이다. 그리고 세기는 년(年)을 품고, 년은 날을 품고, 날은 시간과 순간으로 쌓여있듯이, 우리가 작은 친절과 사랑스런 말로 채우는 순간들은 너무도 아름답고 복된 세월을 낳는 법이다.

소박한 시인 에드거 게스트가 단순하고 뜻 깊은 기도문을 썼다. 내가 가정을 다시 시작한다면 꼭 내 것으로 삼고 싶은 기도문이다. "작은 것들(Little Things)"이란 시에 나오는 다음 행은 내 마음을 잘 표현해준다.

내가 비록 왕들과 함께 걷지 않을지라도
내가 작은 것에 큰 사람이 되게 하소서.

나는 소속감을 심어주고 싶다

09

한 유치원생에게 "너는 네 가족에 속해있다는 것을 언제 느끼니?"하고 물었더니 "제가 잠자리에 들 때 엄마가 이불을 덮어주며 뽀뽀하는 순간에요"라고 대답했다.

내가 가정을 다시 시작한다면 강한 소속감을 심어주고 싶다. 자녀들은 소속감이 필요하다. 자녀들이 가정에 대한 소속감을 못 느끼고 가정에서 애정과 사랑을 주고받지 못한다면, 그들은 곧 다른 데서 일차적인 집단을 찾게 될 것이다. 소속감이 없을 때는 상실감과 외로움, 사랑의 결핍현상이 널리 퍼지게 된다. 반면에 자녀들이 가정에 대한 소속감을 느끼고 스스로 귀중한 존재라고 인식한다면, 그들은 사랑과 용납을 받고 있다고 느끼며, 타인을 사랑하고 용납하는 능력을 갖고 당당하게 세상 속으로 들어가게 된다.

우리 가족이 정말로 함께한다는 소속감을 느낀 때가 기억난다. 강한 폭풍이 몰아쳐서 우리 텐트가 날려갈 뻔했던 밤, 플로리다의 베니스 해변에서 상어 이빨을 찾던 이른 아침, 하늘 아래 누워 이야기를 들려주던 밤, 다함께 야구를 했던 때, 다함께 잔디밭을 청소하던 때, 한 아이의 방을 개조하려고 모두 협력

했던 때 등이다. 다함께 무언가를 성취할 필요가 있을 때 우리는 소속감을 느꼈다. 우리가 다함께 여행을 할 때, 누군가 멀리 떨어진 학교에 가려고 집을 떠날 때, 다함께 기도할 때 우리는 한 가족임을 알았다. 우리가 편지나 전화로 "우리 모두 널 사랑한다는 걸 기억해"라는 말을 들을 때 우리는 한 가족에 속한 것을 깨달았다.

우리가 한 가족이란 느낌이 중요하다는 점을 문득 깨달을 때, 우리는 무언가 복잡하고 어려운 일을 계획하는 경우가 가끔 있다. 나는 너무 버거운 계획을 짜기보다는 모든 가정에 이미 있는 자원을 이용하고 싶다.

소속감을 개발하기 위해 나는 식사시간을 늘려 그날의 경험과 사건을 서로 나누고 싶다. 너무도 많은 작가와 극작가들이 그들의 이야기를 식탁 중심으로 전개하는 데는 그만한 이유가 있다. 그런데 흔히 가족의 식사시간은 느긋하기보다 재빨리 해치우는 의례가 되고 말았다. 식사시간은 소속감을 쌓기에 좋은 기회다.

소속감을 개발하기 위해 나는 취침시간을 하루 중 가장 즐거운 시간의 하나로 만들고 싶다. 하지만 누구나 피곤해서 취침시간은 긴장된 순간이 되기 쉽다.

한 유치원생에게 "너는 네 가족에 속해있다는 것을 언제 느끼니?"하고 물었더니 "제가 잠자리에 들 때 엄마가 이불을 덮어주며 뽀뽀하는 순간에요"라고 대답했다. 한 젊은이는 이렇게 말했다. "내 소년시절의 가장 행복하고 뜻 깊은 순간은 엄마가 취침 전에 우리에게 이야기를 읽어주었을 때였어요." 이와 달리 아이들이 야단을 맞고 얼른 잠자리에 드는 가정을 생각하면 무척 안타깝다. 취침시간이야말로 애틋한 소속감을 쌓기에 매우 좋은 기회다.

나는 여가시간이 우리가 함께하는 가족임을 느끼는 기회가 되도록 온갖 노력을 하고 싶다. 우리에게 여가시간이 생기면 각자 나름대로 가족 이외의 동반자들을 찾게 되는 위험이 있다. 나는 다함께 게임을 하거나 모두 참여하는 프로젝트를 만들어서 다함께 즐기는 방법을 개발하고 싶다.

아이들은 언제나 게임을 좋아한다. 종종 게임에 참여하도록 떠밀어야 할 사람은 부모이다. 어느 가족이든 (특히 부모가) 여가시간을 잘 활용해서 강한 소속감을 만들 수 있다는 것을 이제야 알겠다. 그 시간은 다함께 즐기는 기회일 뿐만 아니라 공평함, 스포츠맨십, 배려, 상호존중, 상호감사 등 중요한 태도를 다함께 배우는 계기를 제공해준다.

생일을 축하하되 선물이 아니라 당사자에게 초점을 두는 것은 소속감을 길러준다. 자녀들의 의견을 물어보고 소중히 여길 때에도 소속감을 심어주게 된다. 가정의 중대한 사안과 즐거운 경험에 자녀들을 포함시키면 그들의 소속감이 커진다. 가족이 어떤 문제에 관해 다함께 의논하고 결정할 때에도 모두 소속감을 느끼게 된다.

나는 자녀들에게 집안일에 참여하도록 권해서 소속감을 심어주려고 노력할 것이다. 어느 필자는 자그마한 아이들도 다른 사람을 위해 무언가를 할 수 있다고 지적하며 이렇게 말했다. "일은 그들에게 나눔이고 소속감이며, 제각기 온 가족의 평안을 위해 필요하고 중요한 존재임을 알게 되는 계기이다." 온갖 불평에도 불구하고, 정기적으로 작은 책임이 주어지는 자녀들은 강한 안정감과 소속감을 개발하는 반면, 공동의 책임의식이 없는 자녀들은 실종되었다고 느낀다.

자녀들에게 행동과 말로 그들이 중요한 존재이고 가족의 애정과 행복에 기여할 몫이 있음을 확신시키는 일보다 더 중요한 것이 없음을 나는 이제 알겠다.

자녀들이 가정에 속해있다고 느낄 때 다른 어떤 것도 줄 수 없는 안정감을 갖게 된다는 것도 나는 이제 안다. 그들은 집단적인 왕따와 군중의 아우성에 아랑곳하지 않고 굳게 설 수 있다. 마지막으로 내가 알게 된 것이 있다. 한 사람이 이 땅의 사랑스런 가정에 속해 있음을 아는 것에서 하늘의 사랑스런 부모[하나님]와 하나님 가족에 속해 있다는 확신까지는 한 발자국에 불과하다는 사실이다.

나는 하나님에 대해 더 많이 나누고 싶다

10

"산수에서는 정확성으로, 언어에서는 우리의 속뜻을 말하는 법을 배움으로, 역사에서는 인간성으로, 지리에서는 마음의 넓이로, 수예에서는 철저함으로, 천문학에서는 경외함으로, 놀이터에서는 공정한 놀이로 신앙을 가르칩니다."

내가 가정을 다시 시작한다면 하나님에 대해 자녀들과 더 많이 나누고 싶다. 다름 아니라 그리스도처럼, 일상의 평범한 소재와 특별한 소재를 통해 하나님이 어떤 분인지를 보여주고 싶다는 뜻이다. 내가 이 깊은 열망을 결론부분에 둔 것은 이것이 앞의 모든 내용에 스며있어야 하기 때문이다. 조지 맥도널드(19세기말 20세기 초 영국의 작가)는 아내에게 "사랑하는 여보, 내가 하나님을 더 사랑할 때 당신이 마땅히 사랑받을 대로 당신을 사랑하게 되오"라고 썼다. 여기에 나는 이렇게 더하고 싶다. 내가 하나님을 더 사랑할수록 각 식구가 마땅히 사랑받을 대로 더욱 사랑하게 된다고.

우리가 우리 자신의 신체적, 사회적, 지적인 부분만 강조한다면 우리는 온전한 사람이 아니다. 우리는 영적 존재이기도 하다. 우리의 삶은 창조의 하나님과 연결되어 있고, 하나님은 우리가 그분과 하나가 되길 원하신다. 우리가 하나님의 사랑을 확신하며 그분의 품에 편히 안길 때는 두려움 없이 삶을 직면하고 우리의 소명에 따라 기여할 수 있다.

고(故) 앨버트 비버는 [다함께 사는 기술](The Fine Art of Living Together)에서 결혼 주례를 선 750 커플에게 설문지를 보냈다고 한다. "당신이 판단하기에, 가정생활의 행복을 도모하는 가장 큰 요소가 무엇인가"라는 질문에 가장 많은 사람이 "가정에서 날마다 실천하는 신앙"이라고 응답했다.

나는 자녀에게 하나님의 본성과 뜻을 가르칠 때 하루 종일 내 신앙을 나누려고 노력할 것이다. 공식적인 자리와 계획된 행사보다 오히려 비공식적이고 계획되지 않은 기회를 이용하고 싶다. 추상적인 신학을 논의하거나 엄격한 가정예배 규율을 강요하기보다는 아침에 일어날 때와 하루 종일 앉아있을 때, 그리고 다함께 산책할 때를 더 많이 활용하고 싶다. 자녀들의 관심사에 더욱 주의를 기울이고 일상생활에서 영적 진리를 토론할 자연스런 방법을 찾고 싶다.

어느 유명한 영국 선생이 "당신의 교과과정에서는 어디서 신앙을 가르칩니까?"라는 질문은 받은 적이 있다.

"우리는 하루 종일 신앙을 가르칩니다"라고 그 선생이 대답했다. "산수에서는 정확성으로, 언어에서는 우리의 속뜻을 말하는 법을 배움으로, 역사에서는 인간성으로, 지리에서는 마음의 넓이로, 수예에서는 철저함으로, 천문학에서는 경외함으로, 놀이터에서는 공정한 놀이로 신앙을 가르칩니다. 우리는 동물에 대한 친절함으로, 종들에 대한 공손함으로, 서로에 대한 예의로, 모든 일에서는 진실함으로 신앙을 가르칩니다."

"당신은 학생들에게 신앙에 관해 얘기합니까?"하고 기자가 물었다.

"별로 하지 않습니다"라고 그 선생이 말했다. "이따금 그 모든 것의 요점을 지적하는 것으로 충분합니다.”

　비공식적인 자리에서 나는 자녀들과 눈높이를 맞추려고 애쓰고 싶다. 나는 개천을 산책하며 하늘 아버지의 꽃을 즐기고, 크고 작은 피조물을 통해 크신 창조주를 보는 시간을 더 많이 갖고 싶다. 오늘 나는 아이들이 하나님 세계의 경이로움을 얼마나 재빨리 감지할 수 있는지 알고 있다. 자연의 세계와 영적인 세계 모두에서 그렇다. 여름이 되면 슬리핑백을 깔고 가족과 함께 하나님의 하늘 아래 눕는 시간을 더 많이 갖기 원한다. 우리는 별에게 말을 걸고, 나무를 스치는 바람 소리와 안 보이는 피조물의 작은 소리 등 자연의 소리에 귀 기울이고 싶다. 자녀들에게 서랍장을 마련해줘서 트로피와 수집함을 올려놓게 하겠다.

　나는 자녀들이 하나님을 모두에게 사랑과 도움, 친절과 연민을 베푸는 분으로, 모든 좋은 것을 주시는 분으로 생각하도록 돕고 싶다. 심지어 부모조차 하나님을 우리를 위협하는 무서운 신으로 생각할 때가 있다. 그러나 성경에 나오는 하나님은 그런 분이 아니다.

네 살 된 소년이 누나의 장난감을 갖고 놀고 있었다. 엄마는 소파에 누워 낮잠을 자려는 중이었다. 그런데 "나는 하나님이야. 너희들은 당장 무릎을 꿇고 기도를 해라"하고 외치는 아들의 우레 같은 목소리를 듣고 깜짝 놀랐다. (그들이 그렇게 하지 않았다.) "너희가 엎어져서 기도를 하지 않으면 내가 때려눕힐 거야"하고 그 아이가 말했다. 그 순간 단숨에 내리쳐서 모든 장난감이 바닥에 나가떨어졌다. 이런 하나님의 이미지는 도대체 어디서 왔을까?

하나님에 대해 더 많이 나누기 위해 나는 자녀들과 함께, 매일 황혼녘에 30분 동안 하나님이 아름다운 색채로 그림을 그려 액자에 넣으시는 모습을 관찰하고 싶다. 나는 하나님이 서쪽 창문에 황금빛 저녁놀을 그리는 동안 저녁 커튼을 내리시는 장면에 관해 얘기하고 싶다. 하나님이 밤이슬로 어떻게 나뭇잎을 마치 차가운 녹색 액체에 담겼다 나온 듯 만드시는지 자세히 관찰하고 싶다. 자녀들과 함께 하나님이 하늘을 많은 별로 밝히시고, 캄캄한 밤중에 세상을 재창조하시고, 모든 창조세계가 새날을 맞이하도록 준비시키시는 모습을 바라보고 싶다.

하나님은 해를 달리기하는 경주자로, 아침 안개를 증발시키는 빛나는 따스함으로 내보내시는 분임을 자녀들과 더 많이 얘기하고 싶다. 나비 떼가 엉겅퀴의 보라색 꽃 위에 앉은 모습을 주목하고 싶다.

그리고 우리는 이끼로 채색된 바위를 바라보고 거룩한 부모[하나님]의 새들이 부르는 노랫소리를 들을 것이다. 하나님이 새를 가르쳐서 새끼를 위해 보금자리를 짓게 하시고, 우리가 솜으로도 운반하기 힘든 깨지기 쉬운 알들이 부화할 때까지 거기에 고스란히 있게 하시는 것에 대해 다함께 생각하고 싶다.

우리는 다함께, 땅과 물과 새로 내린 눈(雪)의 순결함이 그려 내는 멋진 광경을 관찰할 것이다. 아울러 하나님이 얼음과 추위에도 불구하고 적기에 씨앗을 깨우시는 때인 봄의 조용한 발자국에 대해 얘기할 것이다. 우리는 심고 추수하는 일, 그리고 하나님이 우리의 영적 건강과 평안을 위해 필요한 것을 어떻게 공급하시는지에 관해서도 나눌 것이다.

그래서 나는 수많은 방법으로 주님처럼 창조세계를 이용해 하나님의 무한한 돌보심과 사랑과 공급을 상기시키고 싶다. 자녀들이 어린 시절에 창조세계를 제대로 이해하면 훗날 인생에 대해서도 잘 이해할 수 있다고 믿기 때문이다.

아, 그렇다, 나는 자녀들에게 성경을 읽어주고 싶다. 그런데 성경을 자녀들의 삶과 연관시키려고 노력할 것이다. 그리고 하나님의 보살핌과 연민을 다룬 다른 책들도 읽어주겠다. 아울러 다른 사람들의 인생에서 눈에 띄는 하나님도 가리키고 싶다. 우리는 친구이신 하나님과 얘기하고 좋으신 하나님 안에 편히 쉬기도 할 것이다. 다른 한편, 자녀를 훈계할 때 "네가 그런 짓을 하면 하나님이 널 사랑하지 않을 거야"라는 식으로 하나님을 이용하진 않을 것이다.

날마다 나는 하나님이 어떻게 삶을 인도하시는지, 어떻게 우리를 신체적으로 또 영적으로 구출하시는지에 대해 조금씩 얘기하고 싶다. 하나님의 위대함과 영원한 본성에 대해 질문을 받아도 일일이 다 응답하려고 애쓰진 않을 것이다. 그 대신 하나님에게는 가장 지혜로운 자조차 알 수 없는 너무도 위대한 면이 있다는 사실에 자녀들이 경이감을 느끼도록 해주고 싶다.

나는 이제 자녀들에게 단지 하나님에 관해 얘기하고 간단한 기도를 가르치는 일로는 불충분하다는 점을 안다. 하나님을 알도록 그들을 인도하려면 부모가 곧 하나님의 사랑이 되어야 한다. 그리고 세상이 하나님과 그분의 뜻을 알게 하려면 부모가 그 사랑을 나르는 일차적인 전달자가 되어야 한다.

한 작은 아이가 어느 캄캄한 밤에 천둥과 번개에 놀라서 "아빠, 이리 와요. 무서워요"하고 소리를 질렀다.

"아, 아들아. 하나님이 너를 사랑하셔. 하나님이 널 돌봐주실 거야"하고 아버지가 말했다.

"하나님이 나를 사랑하시고 나를 돌봐주실 것임은 나도 알아요"하고 아이가 대답했다. "그런데 지금은 피부가 있는 누군가가 있으면 좋겠어요."

내가 만일 가정을 다시 시작한다면, 나는 무엇보다도 피부를 가진 하나님의 사랑이 되고 싶다. 왜냐하면 자녀들이 가정에서 하나님의 사랑과 배려와 보살핌을 경험하지 못한다면 평생 다른 어디서도 그것을 보거나 경험하기가 거의 불가능하기 때문이다.

내가 다시 아빠가 된다면

초판 1쇄 인쇄 2018년 7월 13일
초판 1쇄 발행 2018년 7월 20일

지은이 존 드레셔
옮긴이 홍병룡
펴낸이 홍병룡
만든이 최규식 · 정선숙

펴낸곳 협동조합 아바서원
등록 제 274251-0007344
주소 서울시 영등포구 도림로139길 8-1 3층
전화 02-388-7944 **팩스** 02-389-7944
이메일 abbabooks@hanmail.net

ISBN 979-11-85066-75-2   03230

잘못 만들어진 책은 구입한 곳에서 교환해 드립니다.

지은이 **존 드레셔**

John M. Drescher, 1929-2014

수십 년 간 뛰어난 가정사역자로 활약했고 결혼과 가정, 영성과 영적 성장에 관한 책을 37권이나 집필한 베스트셀러 작가. 그 가운데 [어린이가 꼭 들어야 할 7가지 말]은 20개 언어로, 본서는 이미 10개 언어로 번역되어 출간되고 있으며 일부는 발췌되어 [리더즈 다이제스트]에 실린 바 있다. 저자는 수많은 잡지에도 글을 기고했고, 북미와 여러 나라에서 열린 대규모 집회와 세미나에서 결혼, 부모-자녀 관계 등에 관해 강연한 유명 강사였다. 이밖에도 목사, 북미 메노나이트 교단 지도자, 잡지 편집장, 신학교 교수로 활동했다. 아내 베티와 행복한 가정을 이뤘고 다섯 자녀를 양육했으며 손자/손녀는 14명, 증손자 한 명을 두었다. 한국에 소개된 저서로는 [자녀 교육, 초등학교 때가 중요합니다]와 [어린이가 꼭 들어야 할 7가지 말](이상 생명의 말씀사)이 있다.

옮긴이 **홍병룡**

연세대학교에서 정치학을, 캐나다 리전트 칼리지와 기독교학문연구소에서 공부했다. IVP대표간사를 역임했고 현재는 협동조합 아바서원의 대표로 일하고 있다. 번역서로는 [체스터턴의 정통], [뜻밖의 사랑](아바서원) 등이 있다.

BookDesign. **dotf.co.kr**

책 만드는 협동조합 • 아바서원